<그리스도인이면 꼭 알아야 할 성경 지식>

교회의 머리이신 예수 그리스도의 명령들

서울솔로몬학교 성경연수원

차 례

이 책에 인용된 성경 구절은 〈한글킹제임스성경〉입니다.

제1과
예수 그리스도에 관한 구약의 예언들

『성경을 상고하라. 이는 너희가 성경에 영생이 있다고 생각함이니, 그 성경은 나에 관하여 증거하고 있음이라』(요 5:39).

예언의 중요성

성경적인 기독교가 세상 종교들과 가장 극명하게 다른 점 가운데 하나는 바로 "예언"이다. 다른 종교들에는 예언이 없다. 감히 예언을 할 수조차 없는데, 이는 함부로 예언했다가 예언이 성취되지 않으면 그 종교의 존립 자체가 흔들릴 수 있기 때문이다. 하지만 성경은 그런 허접한 종교들이나 경전들과는 확연히 다르다. 그래서 하나님께서는 세상 종교들과 우상 숭배자들을 향해 이렇게 도전하신다. 『**주가 말하노니 너희는 송사를 일으키라. 야곱의 왕이 말하노니 너희의 강력한 주장을 내어 놓으라. 그들로 주장들을 내어 놓고 무슨 일이 일어날지를 우리에게 보이게 하라. 그들로 이전 일들을 보이게 하여, 그것들이 무엇이든지 간에, 우리로 그 일들을 숙고하고 그 일들의 나중 결말도 알게 하라. 아니면 앞으로 있을 일들을 우리에게 선포할지니라. 이후에 있을 일들을 보여 주어 우리로 너희가 신들인 것을 알게 하라. 정녕, 선을 행하거나 악을 행하라. 우리가 놀라며 그것을 함께 보리라**』(사 41:21-23). 참된 하나님에 대한 시금석은 실제 역사 속에서 이루어진 예언들에 있고, 진리의 말씀인 성경은 한 치의 머뭇거림도 없이 예언을 한다. 특히 이 예언들을 가리켜 『**확실한 예언의 말씀**』(벧후 1:19)이라고 말씀한다. 예수 그리스도께서는 이 땅에 아무런 예고 없이 오시지 않았다. 성경에 예언된 대로 "때가 차서"(갈 4:4) 오셨다. 즉 성경의 예언이 성취될 때가 차서 오신 것이다.

예수 그리스도의 생애에 관한 예언들의 성취

성경은 초림 당시 예수 그리스도의 생애에 관하여 48가지의 예언들을 하고 있는데, 이 예언들이 실제로 일어날 확률은 10의 157승 분의 1이다. 우주에 널려 있는 전자의 수를 다 합쳐도 10의 157승이 안 된다고 한다. 그만큼 실현 불가능한 확률이란 것인데, 그래서 어떤 사람은 이러한 성경의 예언들이 성취될 확률을 이렇게 비유한다. 곧 남태평양 사모아 섬의 한 해변에서 모래 한 알을 취한 후, 하와이로 날아가 와이키키 해변에 있는 모래사장 한쪽에 가로, 세로, 깊이가 각각 1m인 구덩이를 파서 이 모래 한 알을 감추고 모래로 덮어 놓았다가 그것을 1년 후에 다시 찾을 수 있는 확률이라는 것이다. 이러한 확률에도 불구하고 그 모든 예언들이 한 치의 오차도 없이 성취되었다는 것은, 그것이 결코 우연이 아니며 살아 계신 하나님의 역사를 통해 이뤄졌음을 보여 준다. 이것이 바로 다른 종교의 경전들이 감히 성경에 도전하지 못하는 이유다.

〈예언의 내용〉	〈예언〉	〈성취〉
이스라엘에서 나오신다.	민 24:17	마 1:1-25
유다 지파, 다윗의 가문에서 출생하신다.	창 49:10	눅 1:31-33
베들레헴에서 탄생하신다.	미 5:2	마 2:5,6
처녀(동정녀)에게서 탄생하신다.	사 7:14	마 1:18,25
이 땅에 오시는(초림) 시기가 구체화되어 있다.	단 9:24-26	마 21,27장
메시아(그리스도)는 하나님이시다.	사 9:6	요 1:1-3

〈예언의 내용〉	〈예언〉	〈성취〉
어린 시절의 한때를 이집트에서 보내실 것이다.	호 11:1	마 2:13-15
그리스도의 오심은 선두 주자에 의해 선포될 것이다.	사 40:3-5	마 3:1-3
아무런 이유 없이 미움을 받으실 것이다.	시 35:19	요 15:25
나귀 새끼를 타고 예루살렘으로 입성하실 것이다.	슥 9:9	마 21:1-11
고난을 받고 우리의 속죄를 이루실 것이다.	사 53:4-6	마 26,27장
친구에 의해 배반을 당하실 것이다.	시 41:9	마 26:50
은 삼십 개에 팔리실 것이다.	슥 11:12	마 26:15
거짓 증인들에 의해 모함을 받으실 것이다.	시 35:11	마 26:60,61
침 뱉음을 당하고 사람들에게 맞으실 것이다.	사 50:6	막14:65; 15:15
십자가에 못 박혀 손과 발이 찔리실 것이다.	시 22:16	마 27:35
멸시와 조롱을 당하실 것이다.	시 22:7,8	막 15:29-31
죽음의 질고 속에서 몇 마디 말씀을 하실 것이다.	시 22:1	막 15:34
십자가의 질고 속에서 쓸개즙과 식초를 받으실 것이다.	시 69:21	마 27:34
사람들이 그분의 옷을 가지려고 제비뽑기할 것이다.	시 22:18	마 27:35
십자가에서 죽으실 때 뼈가 꺾이지 않을 것이다.	시 34:20	요 19:31-36
죽음에서 다시 살아나실 것이다.	시 16:10	행 2:22-36

■ 새롭게 깨달았거나 적용할 내용이 있다면 적어 보세요. ■

「성경의 예언은 사실이다. 성경의 예언은 허공에 떠 있지 않고 문서로 기록되어 있다. 성경의 예언은 수많은 증인들에 의해 입증되었고, 3천 년이 넘는 긴 세월 동안 사탄의 불합리한 비평들을 물리쳐 왔다... 성경은 하나님의 말씀이다. 성경은 과학적으로 그 정확성이 입증된 거룩한 기록들에 기초하고 있다. 하나님께서는 선지자 이사야를 통해 불신자들에게 말씀하신다. 주님께서는 앞으로 다가올 일들과 자신에 관해 묻는 사람들에게 이렇게 대답하신다. "나는 처음이자 마지막이며, 나는 시작부터 끝까지 선포하는 자다. 나 외에는 다른 하나님이 없으며 나는 어떤 다른 하나님도 알지 못하노라. 나 외에는 하나님과 구주가 없으며, 전에도 없었고 이후에도 없으리라." 하나님께서는 그분 자신에 관하여 누구나 다 알아볼 수 있도록 인쇄된 종이 위에 기록해 놓으셨다. 수학 교과서를 포함한 그 어떤 "경전"이라 할지라도 성경만큼 과학적이고 수학적인 사실들을 다루고 있지 못하다는 것을 당신은 인정해야 할 것이다」(피터 S. 럭크만).

■ 새롭게 깨달았거나 적용할 내용이 있다면 적어 보세요. ■

예수 그리스도의 지상 생애에 관한 요약

1. 예수 그리스도의 유년기

예수 그리스도께서는 창세기 3:15의 예언("여자의 씨")에 따라 "동정녀 탄생"을 하셨다. 팔 일 만에 할례를 받으셨으며(눅 2:21), 두 살 무렵에는 헤롯을 피해 이집트로 피난하셨다가 갈릴리 나사렛 성읍으로 돌아오셨고(마 2:13-23), 열두 살에는 예루살렘에 있는 성전에 가셨다(눅 2:41-48). 이후 서른 살이 될 때까지는 나사렛에서 목수 일을 하면서 지내셨다(막 6:3).

성경은 예수 그리스도의 유년기의 삶에 관하여 많은 부분을 침묵하고 있는데, 이것 역시 성경의 다른 구절들과 마찬가지로 영감을 받은 것이라는 사실을 유념해야 한다. 성경의 저자이신 성령님께서 침묵을 지키신다면, 거기에는 그럴 만한 분명한 이유가 있는 것이다. 하나님께서 침묵하시는 곳에서는 우리도 입을 다물고 있는 것이 잘 하는 일이다. 말하자면 예수 그리스도의 지상 생애에 관해서는 사복음서의 내용만으로도 충분한 것이다.

■ 새롭게 깨달았거나 적용할 내용이 있다면 적어 보세요. ■

2. 예수 그리스도의 "공생애(公生涯) 사역"

1) "약 30세"에 사역을 시작하셨고(눅 3:23), 사역의 전체 기간은 "3년 6개월"이다.

> "장막절"(9-10월)에 침례인 요한에게서 침례를 받으시면서 사역을 시작하셨고(눅 3:21-23), 이후로 십자가에서 피를 흘려 죽으실 때까지 "네 번의 유월절"(3-4월, 요 2:13; 5:1; 6:4; 11:55)이 지나간다.

예수 그리스도의 공생애 사역 개관

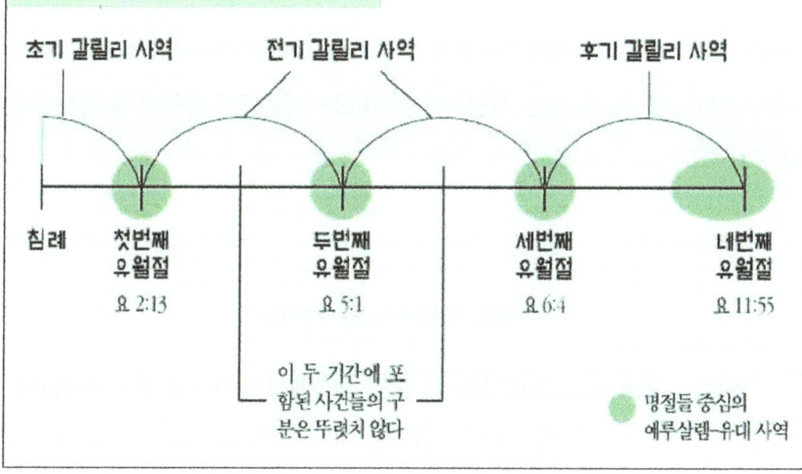

2) 예수님께서는 첫 번째 기적을 갈릴리 카나에서 행하셨고(요 2:1), 두 번째 기적을 카퍼나움에서 행하셨는데, 곧 어떤 귀족의 아들의 병을 고치신 것이다(요 4:46,54).

3) 예수님의 사역은 크게 "<u>**갈릴리 사역**</u>"과 "<u>**예루살렘 - 유대 사역**</u>"으로 구분되는데, 전자는 "다윗의 아들"이요, "유대인의 왕"이신 모습이 두드러지는 반면(마태복음, 마가복음, 누가복음), 후자는 "하나님의 아들"로서의 모습이 강조된다(요한복음).

4) 예수님께서는 주로 유대와 갈릴리에서 사역하셨고, 설교를 하시면서 많은 기적들을 행하시고 병자들을 치유하셨다.

5) 바리새인과 사두개인 등의 종교 지도자들의 온갖 비방과 박해를 받으셨고, 특히 마지막 주간에 일어났던 대표적인 사건들로는 예루살렘 입성, 최후의 만찬, 겟세마네에서의 기도, 빌라도의 재판과 십자가의 죽음 등이 있다.

3. 예수 그리스도의 부활 이후

예수 그리스도께서는 십자가에서 죽으신 지 삼 일만에 부활하셨고, 이후 사십 일 동안 지상에 계시다가 많은 사람들이 지켜보는 가운데서 하늘로 올라가셨다(행 1:10,11).

예수 그리스도의 기적들

<u>기적이란, 상위의 법칙이 하위 세계에서 일어나는 것을 의미한다.</u> 여기에서 하위 세계의 법칙은 세상과 자연의 물리적이고 자연적인 법칙을 가리킨다. 우주를 창조하신 하나님께서는 자연 법칙인 하위 법칙과 다른 상위 법칙을 이 세상에서 얼마든지 행하실 수 있다. 만일 예수 그리스도께서 참다운 기적을 행하셨다면, 그분은 하나님이시다. 왜냐하면 인간은 참다운 기적을 행할 수 없기 때문이다. 예수님께서는 단순히

자신을 과시하시거나 사람들의 흥미를 돋우시기 위해 기적을 행하시지 않았고, 그분의 신성을 입증함으로써 사람들로 하여금 그분 자신과 그분의 복음 그리고 그분의 인격과 하나님 되심을 믿게 하시려고 기적을 행하셨다. 따라서 우리가 성경을 하나님의 말씀으로 믿는다면 예수 그리스도께서 행하신 기적 또한 믿지 못할 이유가 전혀 없는 것이다.

■ 새롭게 깨달았거나 적용할 내용이 있다면 적어 보세요. ■

제1과
복습문제

1. 성경적인 기독교가 세상 종교들과 가장 극명하게 다른 점 가운데 하나는 (　　　　　)이다.

2. 예수 그리스도께서는 이 땅에 아무런 예고 없이 오시지 않았다. 성경에 예언된 대로 "때가 차서"(갈 4:4) 오셨다. 즉 성경의 예언이 성취될 때가 차서 오신 것이다. (O , X)

3. 예수님께서는 창세기 3:15의 예언("여자의 씨")에 따라 "(　　　　　　　) 탄생"을 하셨다.

4. 예수님께서 약 30세에 사역을 시작하신 이후로 십자가에서 죽으실 때까지 총 (　　) 번의 유월절이 지나간다.

5. (　　　　　)이란, 상위의 법칙이 하위 세계에서 일어나는 것을 의미한다.

■ 복습 문제의 정답은 홈페이지(www.solomonbtc.org)에서 확인할 수 있습니다.

NOTES

NOTES

제2과
동정녀 탄생과 예수 그리스도의 신성

『그러므로 **주**께서 친히 한 표적을 너희에게 주시리라. 보라, 한 처녀가 임신하여 한 아들을 낳으리니 그의 이름을 임마누엘이라 하리라』(사 7:14).

하나님과 예수님의 관계

최초의 인간인 아담이 범죄한 이후로는, 이 땅에 태어나는 모든 사람들이 그 부모로부터 "죄성"을 물려받는다(시 51:5; 58:3). 만일 예수 그리스도께서 죄성을 물려받으셨다면, 그분 역시 죄인이 되셨고, 그분의 죽으심의 원인 또한 "그분의 죄" 때문이었을 것이다. 그러므로 설령 주님께서 죄 없는 생애를 사셨다 할지라도, 부활하실 수 없었음은 물론 단 한 명의 죄인도 구원하지 못하셨을 것이다.

그렇다면 예수님께서는 인간의 몸을 입고 오셨으면서도, 어떻게 죄성을 물려받지 않고 탄생하실 수 있었을까? 아버지 하나님께서는 이 문제를 "동정녀 탄생"이라는 초자연적인 방법으로 해결하셨다.

그리스도인은 "동정녀 탄생," 곧 『**경건의 신비**』(딤전 3:16)를 믿고 받아들여야 한다. 본래 죄성은 어머니가 아닌 아버지로부터 물려받는다. 예수님께서는 육신적인 아버지가 없으셨다(눅 3:23). 마리아라는 모친이 있기는 했어도, 그녀는 죄성을 아기 예수에게 전달해 주지 못했던 것이다.

이로 인해 예수 그리스도께서는 갈보리 십자가 위에서 우리를 위한 속죄를 이루시고, 또 죽음에서 부활하심으로써 우리의 구주가 되실 수 있었다! 그런 면에서 동정녀 탄생은 부활을 입증해 주고, 부활은 동정녀 탄생을 입증해 준다.

동정녀 탄생에 관한 성경적 근거

1. 동정녀 탄생은 구약성경에 예언되어 있었다.

창세기 3:15에서는 "여자의 씨"에 대해 예언하고 있고, 이사야 7:14에서는 "처녀가 임신하여 아들을 낳을 것"이라고 직접적으로 예언하고 있다(cf. 렘 31:22).

2. 동정녀 탄생에 관한 예언은 신약에서 역사적으로 성취되었다(마 1:23).

1) 마리아는 "젊은 여자"가 아니라, 문자 그대로 『**남자를 모르는**』(눅 1:34) "**처녀**"였다.

2) 마리아는 요셉과 정혼한 상태였으나 **아직 결혼하지 않은 상태에서 성령님을 통해 잉태했다**(마 1:18).

3) 결혼한 이후에도 구주이신 **예수 그리스도께서 탄생하실 때까지는 요셉과 동침하지 않았다**(마 1:25). 그러나 예수님께서 탄생하신 이후로는 요셉과 정상적인 부부생활을 하면서 최소 여섯 명의 자녀들을 낳았다(막 6:3).

■ 새롭게 깨달았거나 적용할 내용이 있다면 적어 보세요. ■

3. 사복음서의 기록자들은 동정녀 탄생에 관하여 실제 사실로 분명하게 기록하고 있다.

1) 마태는 예수님께서 성령님을 통해 잉태되셨음을 명백히 밝히고 있다(마 1:18,20,23).

2) 의사인 누가도 마리아가 성령님에 의해 잉태할 아이의 아버지가 하나님이시라는 사실을 천사를 통해 신중하게 설명하고 있다. 『**그 천사가 대답하여 그녀에게 말하기를 "성령께서 너에게 임하실 것이며, 가장 높으신 분의 능력이 너를 덮으리니, 그러므로 너에게서 탄생하실 그 거룩한 이는 하나님의 아들이라 불리리라**』(눅 1:35).

> 예수 그리스도께서는 "요셉"이 아니라(눅 2:48,49) "하나님"을 아버지라고 부르셨다(요 5:18).

동정녀 탄생을 하신 목적

❶ 모든 인류에게 인류의 창조주이신 **하나님이 어떤 분이신가를 계시하시기** 위해서다(요 1:18).

❷ 하나님과 인간 사이에 벌어진 **틈을 잇는 다리(중보자)가 되시기** 위해서다(딤전 2:5).

❸ **인간을 구원하시기** 위해서다(히 2:14-16).

❹ 죄로 인해 신음하고 있는 **모든 창조물들을 구원하시기** 위해서다(롬 8:19-22).

하나님께서는 친히 인간의 몸을 입고 이 땅에 오셨지만 우리와 다르게 죄가 없으셨다. 하나님의 아들이신 예수 그리스도께서는 우리와 똑같이 시험을 받으셨지만 죄는 없으셨기 때문에 죄인들을 구원하실 수 있었다. 주님께서는 우리의 허물로 인해 상처를 입으셨고 우리의 죄악으로 인해 상하셨으며, 우리의 화평을 위한 징계가 그분께 내려졌고 그분께서 맞은 채찍으로 우리가 치유되었다. 오직 동정녀 탄생만이 죄 없으신 하나님께서 죄 많은 인간을 구원하시는 유일한 방법이었던 것이다.

동정녀 탄생이 갖는 중요한 의미

예수 그리스도께서는 동정녀 탄생을 통해 인간의 몸으로 오심으로써, 한쪽 손으로는 인간의 손을 잡고 다른 한쪽 손으로는 전능하시며 영광 중에 계신 하나님 아버지의 손을 잡으셨다. 이것이 바로 디모데전서 2:5에서 **『하나님과 사람 사이에 중보자도 한 분이시니』**라고 말씀하신 이유이다. 사실이 그렇다면 예수 그리스도 외에는 중보자로 자처하는 그 누구라 할지라도 거짓 중보자에 지나지 않는다. 그런 거짓 중보자들은 자신들과 같이 타락한 인간들의 손은 잡을 수 있을지 몰라도 거룩하신 하나님의 손은 결코 잡을 수 없는 것이다. 그들은 결코 죄인의 손을 가지고 거룩하신 하나님의 손을 잡고 죄인과 하나님 사이를 중보할 수 없다.

■ 새롭게 깨달았거나 적용할 내용이 있다면 적어 보세요. ■

인간의 구원은 동정녀 탄생과 밀접한 관계에 있다. 만약 예수 그리스도께서 동정녀 탄생을 통해 잉태되지 않으셨다면, 우리는 여전히 구원받지 못한 죄인이었을 것이다. 만약 예수 그리스도께서 우리와 똑같이 인간 아버지로부터 출생하셨다면, 그리스도께서도 우리와 똑같은 죄인이셨을 것이다. 만약 예수 그리스도께서 우리가 죽는 것처럼 죽으시어 우리의 몸이 땅에 묻히는 것처럼 묻히셨다면, 예수 그리스도의 몸도 땅에 묻히시어 결코 부활하시지 못했을 것이다. **말하자면 예수 그리스도께서 죄 없으신 인간의 몸으로 오시기 위해서는 동정녀 탄생의 방법뿐이 없었던 것이다. 그런 면에서 동정녀 탄생의 교리는 매우 중요한 교리다!**

하나님이신 예수 그리스도

동정녀 탄생과 신성

『보라, 한 처녀가 임신하여 아들을 낳으리니 그의 이름을 임마누엘이라 하리라』(사 7:14). 이것은 오실 구세주를 의미한다. 마태복음 1:23의 임마누엘은 "우리와 함께 하시는 하나님"이라는 뜻이다. 이 예언은 베들레헴에서 실현되었다. 하나님께서는 성육신하심으로써 예수 그리스도를 통해 인류와 함께 사시기 위하여 오신 것이다(딤전 3:16).

이 교리는 "여호와의 증인" 같은 이단들에 의해 끊임없이 공격을 받아왔다. 그러나 예수 그리스도의 신성을 믿는 믿음은 구원에 있어서 필수적이다. 로마서 10:9에는 『**네가 네 입으로 주 예수를 시인하고**』라고 기록되어 있다. 단순히 그분을 선량한 사람이라고 고백하는 것이 아니라 『**주 예수**』

로 시인하라고 말씀하는 것이다(일례로, 사도행전 9:5의 바울과 요한복음 9:38의 날 때부터 소경 된 사람 등). 그리스도의 신성을 부인하는 것은 인류에게서 구세주를 강탈하는 행위이며, 우리를 영원히 정죄하는 행위이다.

1. 예수 그리스도께서는 시편 110:1의 "주"라고 불리신다.

시편 110:1에는 『**주께서 내 주께 말씀하시기를 "내가 네 원수들을 네 발판으로 삼을 때까지 너는 나의 오른편에 앉아 있으라." 하셨나이다.**』라고 기록되어 있다. (주 하나님 아버지께서 나의 주, 곧 구주이신 예수님께 말씀하신 것이다.) 예수님께서는 마태복음 22:41-46, 마가복음 12:35,36, 누가복음 20:39-44에서 이 구절을 언급하셨다. 또한 베드로는 사도행전 2:34,35의 오순절 설교에서 이 점을 역설하였다. 이 부분은 매우 중요하다. 이 예언에 의하면 메시아이신 구주는 거룩하신 『주』, 바로 그분 자신인 것이다.

2. 메시아이신 주 예수 그리스도께서는 하나님의 거룩한 성호들을 받으셨다.

이사야 9:6,7에는 『**이는 우리에게 한 아이가 태어났고 우리에게 한 아들이 주어졌음이니 정부가 그의 어깨 위에 있을 것이요, 그의 이름은 경이로운 분이라, 상담자라, 능하신 하나님이라, 영원하신 아버지라, 화평의 통치자라 불리리라. 그의 정부와 화평의 증가함이 다윗의 보좌와 그의 왕국 위에 바르게 세워지고, 지금부터 영원까지 공의와 정의로 그것을 굳게 세우는 데 끝이 없으리라.**』고 기록되어 있다. 오직 주 하나님 자신만이 하나님으로서의 이러한 성호들을 취하실 수 있는 것이다.

1) <u>경이로운 분</u> - 오직 하나님만이 진정으로 경이로운 분이 되실 수 있다. 누가복음 18:19에서는 주 하나님 외에는 선한 자가 없다고 했다.

2) <u>상담자</u> - 오직 전지하신 하나님 한 분만이 완전한 상담자이시다(시 16:7).

3) <u>전능하신 하나님</u> - 메시아가 될 것이라고 예언되었던 그분은 바로 하나님 자신이시다(계 1:8).

4) <u>영원하신 아버지</u> - 요한복음 10:30에서 예수님께서는 『**나와 내 아버지는 하나니라.**』고 말씀하셨다. 사람으로서의 예수님은 출생하셨지만, 하나님으로서 그분은 영존하시는 분이시다.

3. 오실 것이라고 예언되었던 그리스도께서는 영원부터 계셨다.

미카 5:2에는 『**그러나 너 베들레헴 에프라타야, 네가 비록 유다의 수천 가운데서 작을지라도 이스라엘을 통치할 자가 너로부터 내게로 나오리라. 그의 나오심은 예로부터요, 영원부터였느니라.**』고 기록되어 있다. 메시아시며 구주이신 예수님께서는 영원부터 존재하신 하나님 자신이셨다.

4. 하나님과 예수 그리스도께서는 자신을 "나"(I Am)라고 하셨다.

출애굽기 3:14에는 『**하나님께서 모세에게 말씀하시기를 "나는 곧 나니라." 하시고, 또 말씀하시기를 "너는 이스라엘 자손들에게 이같이 말할지니 '나이신 분[I AM]께서 나를 너희에게 보내셨다.' 하라." 하시니라.**』라고 기록되어 있다. 요한복음 8:58에는 『**예수께서 그들에게 말씀하시기를 "진실로 진실로 내가 너희에게 말하노니, 아브라함이 나기 전부터 나는 있느니라[I am]."**』고 기록되어 있다. 여기에서 예수님께서는 "나는 있느니라"(I am)고 말씀하셨는데, 이를 보고 유대인들은 예수님이 하나님의 성호를 자신에게 적용하심으로써 하나님을 모독했다고 생각했다. 그들은 즉시 예수께 돌을 던지려고 했다. 이런 특별한 죄에 대하여 돌로 쳐 죽이는 것은 당연한 형벌이었다(레 24:12-16). 그러나 예수님께서는 범죄하신 것이 아니었다. 왜냐하면 그분 자신이 바로 참 하나님이셨기 때문이다. 예수님께서는 그 위대하신 "**나이신 분**"(I AM)이시기 때문이다.

5. 예수 그리스도는 죄를 용서하셨다.

마가복음 2:5에는 『**예수께서 그들의 믿음을 보시고 그 중풍병자에게 말씀하시기를 "아들아, 네 죄들이 용서받았느니라."**』고 기록되어 있다. 오직 하나님만이 죄를 용서해 주실 수 있다. 그래서 거기에 있던 서기관 몇 사람이 마음속에 생각하기를 『**어찌하여 이 사람이 그처럼 하나님을 모독하는 말을 하는가? 하나님 한 분 외에 누가 죄들을 용서할 수 있단 말인가?**』(막 2:7)라고 했다. 하나님만이 죄를 용서하실 수 있다고 알고 있는 유대인들의 생각은 옳았다. 죄란 율법을 범한 것을 말하며, 권리를 침해당한 사람만이 그 범죄자를 용서해 줄 수 있기 때문이다. 죄를 용서한다고 말한 것으로 보아 예수님은 다음 둘 중 하나이어야 한다. 즉 신성을 모독한 죄를 지은 죄인이거나, 아니면 하나님이어야 하는 것이다. 물론 그분은 하나님이시고, 따라서 죄를 용서하실 수 있었다.

6. 예수님께서는 아버지 하나님과 성령 하나님과 동등하시다.

이것은 마태복음 28:19에서 침례를 명령하실 때 말씀하신 이름과 고린도후서 13:14에서 축원하는 말씀에서도 명백하게 드러난다. 즉 아버지 하나님과 아들 하나님과 성령 하나님의 이름이 함께 연결되어 있는 것이다. 요한일서 5:7에 의하면 예수님께서는 『**말씀**』이시며 아버지 하나님과 성령 하나님과 함께 삼위일체의 일원이시다!

7. 예수님께서는 무소부재를 주장하셨다.

"계시지 않는 곳이 없다"는 것은 전능하신 하나님께 해당되는 속성이지 천사나 인간에게 해당되는 특성이 아니다. 마태복음 18:20에서 예수님께서는 한 번에 또는 동시에 어느 곳에든 계시겠다고 약속하셨다(요 3:13).

8. 예수님께서는 전지하심을 주장하셨다.

전지하다는 말은 모든 것을 아신다는 것으로써 하나님 자신만이 가지고 계시는 독특한 속성이다. 이 사실은 마가복음 11:2-6에서 승리의 입성을 위해 필요했던 나귀 새끼에 관한 그분의 미리 아심에서 분명히 알 수 있다. 또한 예수님께서는 마태복음 12:40과 24:3-31에서 앞으로 이루어질 일에 대하여 예언하셨다.

9. 예수님께서는 전능하심을 주장하셨다.

전능하심, 곧 모든 권세는 전능하신 주 하나님의 고유한 속성이다. 마태복음 28:18에는 『**하늘과 땅에 있는 모든 권세를 나에게 주셨도다.**』라고 기록되어 있다. 이것은 모든 인간의 권세와 모든 영들과 천사들과 마귀들과 초인적인 존재들의 권세를 능가하신다는 것을 의미한다.

10. 예수 그리스도께서는 창조의 능력을 소유하셨다.

무(無)에서 유(有)를 생성시키는 것, 즉 창조는 오직 하나님에 의해서만 가능하다. 예수 그리스도께서는 창조에 참여하셨고 이 세상을 계속 붙들고 계신다(요 1:1-3, 히 1:3). 예수님께서는 창조적 능력을 발휘하시어 이적을 행하셨다. 물로 포도주를 만드셨으며, 빵 다섯 덩어리와 물고기 두 마리로 오천 명을 먹이셨다.

11. 예수 그리스도께서는 자연 현상들을 관장하는 능력을 갖고 계셨다.

누가복음 8:24에 의하면 예수님께서 **바람을 꾸짖으시니** 바람이 복종하였고 즉시 고요해졌다고 기록되어 있다. 마가복음 4:39에서는 예수님께서 **사나운 바다의 거센 파도를 잠잠케 하셨다**. 그것은 인간의 능력이 아니고 오직 하나님의 능력이었다. 마태복음 14:25,26에서 예수님께서는 **물 위로 걸어가셨다**. 보통 사람은 이런 능력을 결코 가질 수 없다.

12. 예수 그리스도께서는 하나님께서만 받으실 수 있는 경배를 받으셨다.

요한복음 9:38에서 예수님을 구주로 인정한 소경이 치유를 받고 『**주여, 내가 믿나이다.**』 하고 주께 경배했다. 예수님께서는 하나님이시므로 이 경배를 정당하게 받으셨다. 누가복음 4:8에서 예수님께서 시험을 받으실 때 사탄에게 말씀하시기를 『**사탄아, 내 뒤로 물러가라. 기록되었으되 '너는 주 너의 하나님께 경배하고 오직 그분만을 섬기라.'고 하였느니라.**』고 하셨다. 주 하나님 외에 다른 것을 섬기는 것은 무서운 죄인 것이다. 예수님께서는 경배를 받으셨을 때 "나는 주라."고 세상에 선언하신 것이다!

13. 예수님께서는 도마의 간증을 받아들이셨다.

요한복음 20:28에서 도마는 『**나의 주, 나의 하나님이여.**』라고 고백했다. 만일 도마가 실수를 했거나 오류를 범했거나 과장해서 표현했다면 예수님은 그

것을 정정해 주셨을 것이다. 도마는 진리를 말했던 것이다. 예수님은 주 하나님이시고 영원하신 하나님이시다.

14. 예수님께서 부활하신 사실이 신성을 증명한다.

이 사실이야말로 예수님께서 하나님이시라는 가장 강력하고도 결정적인 증거이다. 로마서 1:4에서는 『**거룩의 영으로는 죽은 자들로부터 부활하여 능력으로 하나님의 아들로 선포되셨으니**』라고 했다. 특별히 이 구절은 예수님의 부활이 그분을 하나님의 아들로 선언하고 있음을 보여 준다. 만일 예수님께서 협잡꾼이나 거짓말쟁이, 사기꾼 혹은 평범한 한 인간이나 단순한 초인간이었다면, 하나님께서는 그분을 마지막 심판 날까지 그 무덤에 두시어 지옥에 가도록 정죄하셨을 것이다. 로마서 6:4에 따르면 예수 그리스도를 죽음에서 일으키신 분은 아버지 하나님 자신이었음을 알 수 있다. 그리하여 아버지 하나님께서는 예수님의 신성을 세상에 분명하게 공표하신 것이다.

예수 그리스도께서는 하나님이시다

예수 그리스도께서는 앞에서 배운 하나님께서만 가지실 수 있는 속성들을 모두 가지고 계시기 때문에 하나님이시라고 결론내릴 수 밖에 없다. 또한 하나님만이 하실 수 있는 다섯 가지 역사, 곧 창조, 보존(만물을 붙드심), 죄 사함, 죽은 자를 살리심, 심판을 예수님께서도 행하셨는데(요 1:3, 히 1:3, 눅 7:48, 요 6:39; 5:22), 이것 역시 예수님께서 육신을 입고 오신 하나님이심을 보여 준다. 예수 그리스도의 신성을 부인하는 이단들은 자신들의 혼들뿐만 아니라 그들이 미혹한 사람들의 혼들까지도 저주를 받게 하는 사악한 마귀의 일꾼들이다(요일 2:22,23).

제2과
복습문제

1. 동정녀 탄생은 (　　　　　　)을 입증해 주고, (　　　　　　)은 동정녀 탄생을 입증해 준다.

2. 인간의 (　　　　　　)은 동정녀 탄생과 밀접한 관계에 있다. 만약 예수 그리스도께서 동정녀 탄생을 통해 잉태되지 않으셨다면, 우리는 여전히 구원받지 못한 죄인이었을 것이다.

3. 하나님과 예수 그리스도께서는 자신을 (　　　　　　)라고 하셨다(출 3:14, 요 8:58).

4. 예수님께서 아버지 하나님께 복종하셨다는 말은, 곧 예수님께서 아버지 하나님보다 못한 열등한 신이라는 뜻이다. (O , X)

5. 예수님께서는 (　　　　　　)와 (　　　　　　)과 동등하시다(마 28:19, 고후 13:14, 요일 5:7).

6. 예수님께서 (　　　　　　)하신 사실이 신성을 증명한다(롬 1:4).

■ 복습 문제의 정답은 홈페이지(www.solomonbtc.org)에서 확인할 수 있습니다.

NOTES

제3과
아버지 하나님과 아들 하나님의 관계

『그러나 우리가 죽음의 고난 때문에 천사들보다 조금 낮아지신 예수를 보니, 영광과 존귀로 관을 쓰셨도다. 이는 하나님의 은혜로 말미암아 모든 사람을 위하여 죽음을 맛보기 위함이더라』(히 2:9).

하나님과 예수님의 관계

아버지 하나님과 아들 하나님과의 관계는 그리스도의 신성을 부인하는 많은 사람들 사이에서 논쟁이 되어 왔다. 그들은 예수님도 단지 우리처럼 하나님의 아들일 뿐이라고 말하면서, 예수님이 하나님께 속한 아들임을 증명하기 위하여 성경 구절을 인용하기도 한다.

성경대로 믿는 그리스도인들은 그들의 주장에 어떻게 대처해야 하는가? 이에 대한 대답은 다음과 같다. 즉 성육신 이전 상태의 예수님께서는 하나님으로 계셨고, 지금도 그러하며, 앞으로도 늘 하나님 아버지와 동등하시다는 것이다. 그러나 성육신 상태에서는 분명히 하나님께 속하셨다. 성육신 이전의 그리스도에 관하여 공부하다 보면, 그 아들이 우리의 구세주가 되기 위하여 자신의 영예를 버리셨다는 사실을 알게 된다(빌 2:5-8).

■ 새롭게 깨달았거나 적용할 내용이 있다면 적어 보세요. ■

아버지 하나님과 아들 하나님의 동등성

요한복음 5:18에는 예수님께서 무엇이라고 주장하셨는지 기록되어 있다. 『**그러므로 유대인들이 그를 더욱 죽이려고 하니, 이는 그가 안식일을 범했을 뿐만 아니라 하나님을 자기의 아버지라고 말함으로써 자신을 하나님과 동등하게 여겼기 때문이라.**』 신명기 6:4을 철저하게 믿었던 유대인들은 예수님께서 하신 말씀의 의미를 이해하고 있었다. 『**주 우리 하나님은 한 분 주시니**』라는 고백과 같이 오직 한 분 하나님만을 인정했던 유대인들에게 예수 그리스도의 주장은 하나님을 모독하는 발언으로 받아들여졌으며, 그들은 그분을 마땅히 돌로 쳐 죽여야 한다고 생각했다(레 24:16).

요한복음 10:30에 기록된 『**나와 내 아버지는 하나니라.**』라는 말씀은 예수님께서 하나님과 동등하심을 분명하게 증명하고 있다. 요한복음 14:9에는 『**나를 본 자는 아버지를 보았느니라. 그런데 어찌하여 '아버지를 보여 주소서.'라고 말하느냐?**』라고 기록하고 있다. 두 분은 하나이시며 결코 분리될 수가 없다. 골로새서 1:15에서는 『**그는 보이지 않는 하나님의 형상이시며**』라고 했다. 예수 그리스도께서는 보이지 않는 하나님(영이시므로 보이지 않는다)의 보이는 형상이시다. 요한복음 10:33에서는 『**선한 일로 인하여 너를 돌로 치려는 것이 아니고 하나님을 모독하기 때문이라. 이는 네가 사람이면서 하나님으로 자처하기 때문이라.**』라고 하였다. 예수님께서는 자신이 하나님이라는 사실을 증명하셨으나, 유대인들은 고집스럽게도 믿기를 거부했다.

『**너희 안에 이 생각을 품으라. 곧 그리스도 예수 안에도 있는 생각이라. 그는 하나님의 형체로 계시므로 하나님과 동등하게 되는 것을 탈취라 생각지 아니하셨으나**』(빌 2:5,6). 변개된 성서들은 이 구절을 수정하여 예수님의 신성을 오히려 격하시켰다. 개역한글판성경과 개역개정판은 "그는 근본 하나님의 본체

시나 하나님과 동등됨을 취할 것으로 여기지 아니하시고"로 변개하였다.

예수님께서는 있는 그대로 아버지 하나님과 동등하시다. 『**오 아버지시여, 세상이 있기 전에 내가 아버지와 함께 갖고 있던 그 영광으로 친히 나를 영화롭게 하여 주옵소서**』(요 17:5). 여기에서 예수님께서는 자신의 성육신 이전의 영광에 대해 언급하고 계신다. 『**태초에 말씀이 계셨고, 그 말씀이 하나님과 함께 계셨으니, 그 말씀은 하나님이셨느니라**』(요 1:1). 이 말씀은 요한복음을 시작함에 있어서 가장 적합한 구절이다. 예수님께서는 하나님이셨던 것이다. 『**또 우리가 아는 것은 하나님의 아들이 오셔서 우리에게 지각을 주셨다는 것이니, 이는 우리로 참되신 그분을 알게 하려는 것이라. 우리는 참되신 그분, 곧 그분의 아들 예수 그리스도 안에 있노라. 이분은 참 하나님이시며 영원한 생명이시니라**』(요일 5:20). 요한은 복음서와 서신서에서 예수님이 하나님이시라는 사실을 반복해서 진술하였다.

사도 바울 역시 그의 서신서에서 예수님은 하나님이라고 말한다. 『**복된 소망과 위대하신 하나님이신 우리 구주 예수 그리스도의 영광스러운 나타나심을 기다리게 하셨음이니**』(딛 2:13). 우리가 기다리는 그분은 베들레헴에서 태어나셨던 구주 예수님으로서 하나님이시다.

히브리서의 기록자도 다음과 같이 증언한다. 『**오 하나님이여, 주의 보좌는 영원무궁하며 주의 왕국의 홀은 의의 홀이니이다**』(히 1:8). 아버지 하나님께서도 그의 아들을 "하나님"이라고 부르셨다.

유다는 위대한 송축에서 구주 하나님을 드높였다. 『**곧 홀로 지혜로우신 하나님 우리 구주께 영광과 위엄과 다스림과 권세가 지금과 또한 영원토록 있을지어다**』(유 1:25). 오직 한 분, 주 예수 그리스도를 드높이고 있는 것이다.

예수님 안에는 신격의 모든 충만함이 있다. 골로새서 2:9의 『**그분 안에는 신격의 모든 충만함이 몸의 형태로 거하시나니**』라는 말씀은 이해하기 어려운 구절 중 하나이다. 이 구절은 제한적인 인간에게는 너무나 광대한 개념이다. 적어도 그리스도께서는 신성에 있어서 온전하고 완전하시며 조금도 부족함이 없으신 분이심은 분명하다. 그분을 단지 "**하나님의 아들들**" 가운데 한 명일 뿐이라고 말하는 것은 구주를 욕되게 하는 것이며, 하나님을 모독하는 것이다.

성육신 이전의 그리스도의 영광

마태복음 17:2의 변형산에서 우리는 성육신 이전의 그리스도의 영광의 빛을 엿볼 수 있다. 『그의 얼굴은 해처럼 빛나고』 예수 그리스도를 아버지와 동등한 하나님으로 시인하기를 거부하는 사람은 누구를 막론하고 하나님의 말씀을 거역하는 극악한 죄를 짓고 있는 것이다. 그리스도께서 영원부터 존재하셨다는 것과 성육신 이전에 영광 가운데 존재하셨다는 사실에 대해 의문을 제기하거나 거부하는 행위가 예수님께서 하나님이시고 하나님과 늘 함께 계셨다는 사실을 축소시키지는 못한다. 이러한 사실을 의심하는 사람은 구세주를 모독하는 무서운 죄를 짓는 것이 된다. 오히려 우리는 그분께서 참 하나님이셨고 아버지와 동등하셨지만, 우리를 위하여 그 거룩한 신성의 의복을 벗으시고 자신을 비우신 그 사실에 영광을 돌려야 할 것이다. 그분의 거룩한 희생으로 인하여 그분 앞에 무릎을 꿇고 경배와 찬양과 감사를 드리자!

■ 새롭게 깨달았거나 적용할 내용이 있다면 적어 보세요. ■

아버지 하나님께 복종하신 아들 하나님

예수 그리스도께서는 인간이 되셨을 때 스스로 더 낮은 자리를 선택하셨다. 말하자면 아버지 하나님께 복종하시는 겸손의 자리를 선택하신 것이다. 『**너희는 내가 갔다가 너희에게 다시 온다고 한 말을 들었느니라. 너희가 나를 사랑하였으면 '내가 아버지께로 가노라.' 한 말을 기뻐하였으리라. 이는 내 아버지께서 나보다 위대하심이라**』(요 14:28). 이것은 인간이신 예수님께서 영원하신 하나님에 대하여 말씀하시는 구절이다. 예수님께서 성령으로 잉태되셨을 때, 그리스도께서는 하나님과 새로운 관계를 시작하신 것이다.

오늘 내가 너를 낳았노라

히브리서 1:5에서는 『하나님께서 어느 때에 천사들 중 어느 누구에게 "너는 내 아들이라, 오늘 내가 너를 낳았노라."고 말씀하신 적이 있으며, 또다시 "나는 그에게 아버지가 되고 그는 나에게 아들이 되리라."고 하신 적이 있느냐?』라고 했다. 이것은 예수님께서 성령으로 잉태되신 "하나님의 아들"이시자(눅 1:35) 『독생자』이시라는 뜻이며(요 3:16), 이는 성경의 예언에 따른 것이었다(시 2:7). 그렇다면 그 기원에 있어서 아들 하나님, 곧 영원하신 하나님께서는 영원 전 어느 순간에 탄생하셨다는 말인가? 결코 그렇지 않다. 왜냐하면 하나님으로서의 예수님께서는 탄생하시지 않고 영존하시기 때문이다(사 9:6,7). 여기서 태어났다는 것은 성령의 잉태케 하심을 통해 동정녀 마리아에게서 태어나신 성육신을 의미한다. 쉽게 말해 예수님께서는 하나님으로서 태어나신 적이 없으며, 오직 사람으로서 처녀 마리아에게서 태어나신 것이다!

1. 아들 하나님의 종속성과 아버지 하나님에 대한 복종

어떤 측면에서 아들께서는 아버지께 복종하셨는가? 본질에 있어서는 예수님께서 아버지 하나님과 성령 하나님과 동일한 하나님이시지만, 사역에 있어서는 아버지 하나님께 복종하셨다.

① 예수님께서는 지상 생애 동안 아버지께 의존하며 사셨다. 『**살아 계신 아버지께서 나를 보내셨고 내가 아버지로 말미암아 사는 것같이**』(요 6:57). 아버지께서는 아들을 부양하신 것이다.

② 예수님께서는 아버지를 떠나서 독자적으로는 아무것도 하실 수가 없었다. 『**아들은 스스로 아무것도 할 수 없으나 아버지께서 하시는 일을 본 것은 할 수 있나니, 아버지께서 하시는 일은 무엇이나 아들도 그와 같이 행하느니라**』(요 5:19). 참조 - 요한복음 8:28 『**예수께서 그들에게 말씀하시기를 "너희가 인자를 들어올리는 그때에야 너희는 내가 그인 줄 알게 되리라. 나는 스스로 아무것도 하지 아니하나 오직 나의 아버지께서 내게 가르치신 대로 이런 것들을 말하노라.**』

③ 아버지께서 예수 그리스도를 지상에 보내셨다. 『**이것이 하나님의 일이니, 즉 그분이 보내신 이를 너희가 믿는 것이라**』(요 6:29). 참조 - 요한복음 8:29,42 『**나를 보내신 분이 나와 함께 계시느니라. 아버지께서는 나를 홀로 남겨 두지 아니하셨으니 이는 내가 언제나 그분을 기쁘게 하는 일들을 행하기 때문이라... 예수께서 그들에게 말씀하시기를 "하나님이 너희의 아버지라면 너희는 나를 사랑하리라. 이는 내가 하나님께로부터 나와서 여기에 왔으며, 나 스스로 온 것이 아니요 그분이 나를 보내셨음이라.**』

④ 아버지께서 아들에게 권세와 지배권을 주셨다. 『**아무도 생명을 내게서 빼앗을 자가 없으나 내 스스로 그것을 내어 놓느니라. 나에게는 생명을 내어 놓을 권세도 있고, 또 그것을 다시 얻을 권세도 있노라. 이 계명은 내가 내 아**

버지께로부터 받은 것이니라』(요 10:18). 참조 - 요한복음 13:3 『**예수께서는 아버지께서 모든 것들을 자기 손 안에 주신 것과 자기가 하나님께로부터 왔다가 하나님께로 가는 것을 아시고**』

⑤ 예수 그리스도께서는 아버지로부터 복음을 받으셨다. 『**내가 그분으로부터 들은 것을 세상에 말하노라**』(요 8:26).

⑥ 아버지께서는 구세주에게 성취해야 할 어떤 일을 주셨다. 『**아버지께서 내게 주셔서 완수하게 하신 일들이라. 내가 행하는 바로 그 일들이 나에 관한 증거니 곧 아버지께서 나를 보내셨다는 것이라**』(요 5:36). 참조 - 요한복음 17:4 『**내가 땅에서 아버지를 영화롭게 하였으며 아버지께서 내게 하라고 주신 그 일을 완성하였나이다.**』

⑦ 아버지께서 아들에게 왕국을 맡기셨다. 『**나의 아버지께서 나에게 왕국을 맡기신 것같이 나도 너희에게 맡겨**』(눅 22:29).

⑧ 현재의 교회 시대 기간 중에는 예수님께서 머리되신 하나님께 복종하신다. 『**각 남자의 머리는 그리스도시요, 여자의 머리는 남자요, 그리스도의 머리는 하나님이시니라**』(고전 11:3).

⑨ 예수님은 인간이 하나님께 접근할 수 있는 길이 되셨다. 『**그러므로 그는 또한 자기를 통하여 하나님께 나아오는 자들을 끝까지 구원하실 수 있으니, 이는 그가 항상 살아 계셔 그들을 위하여 중보하심이라**』(히 7:25).

⑩ 예수님께서는 하나님께 나아가는 길, 곧 구원의 길이 되셨다. 『**나는 길이요 진리요 생명이라. 나로 말미암지 않고는 아버지께로 올 사람이 아무도 없느니라**』(요 14:6).

⑪ 예수님께서는 아버지를 "나의 하나님"이라고 불렀다. 『**나의 아버지, 곧 너희 아버지, 또 나의 하나님, 곧 너희 하나님께로 올라간다고 말하라**』(요 20:17)고 말씀하셨다. 또한 마태복음 27:46에서도 『**나의 하나님**』이라고 십자가에서 네 번째로 말씀하셨다.

2. 아들 하나님의 종속성과 복종이 종결되는 시점

이러한 복종은 언제까지 이어지는가? 누가복음 22:29에서는 아버지께서 아들에게 왕국을 주셨다고 했다. 그 아들께서는 이것을 다시 아버지께 드릴 것이다. **『그후에는 끝이 오리니 주께서 모든 정사와 모든 권세와 능력을 폐하시고 그 왕국을 하나님, 곧 아버지께 바칠 때라』**(고전 15:24). 이러한 복종은 큰 백보좌 심판까지 계속되고, 그 이후로는 예수님께서도 삼위일체 안에서 영원토록 통치하신다. **『만물을 그의 발 아래 복종시켰다고 하셨으니 만물이 그의 아래 복종하였다고 말씀하실 때 만물을 그의 아래 복종시켰던 그분은 제외된 것이 분명하도다. 만물이 그분께 복종할 때에 그때 아들 자신도 만물을 자기에게 복종케 하신 그분께 복종하시리니 이는 하나님께서 만물 안에서 모든 것이 되시려 하심이라』**(고전 15:27,28).

아들 하나님의 겸손

만일 우리가 성경을 올바르게 이해하고 있다면 어떤 모순도 있을 수 없다. 성육신 이전의 그리스도께서는 전능하신 아버지 하나님과 항상 동등하셨다. 그러나 인간으로 성육신하신 예수님께서는 그러한 지위를 내려놓으시고 자신의 겸손으로 마치 자식이 부모에게 한 것처럼 아버지 하나님께 복종하는 자리를 선택하신 것이다. 우리는 주 예수 그리스도께서 스스로 자신을 낮추신 그 겸손에서 많은 것들을 깨달아야 한다(빌 2:5-8). 즉 우리가 아직 죄인이었을 때 우리에게 보여 주신 그분의 놀라운 사랑을 깨닫게 되는 것이다! 이러한 놀라운 소식을 세상 사람들에게 서둘러 전하자! 지상에 살면서 주님의 마음과 같은 겸손한 마음을 품고 형제자매들과 함께 아버지 하나님을 섬기도록 하자!

제3과
복습문제

1. 예수 그리스도께서는 하나님으로서 아버지와 (   )하시다.

2. 요한복음 10:30에 기록된 『나와 나의 아버지는 (   )니라.』는 말씀은 예수님께서 하나님과 동등하심을 분명하게 증명하고 있다.

3. 『너희 안에 이 생각을 품으라. 곧 그리스도 예수 안에도 있는 생각이라. 그는 하나님의 형체로 계시므로 하나님과 (   )하게 되는 것을 탈취라 생각지 아니하셨으나』(빌 2:5,6).

4. 예수님께서 아버지 하나님께 복종하셨다는 말은, 곧 예수님께서 아버지 하나님보다 못한 열등한 신이라는 뜻이다. (O , X)

5. 아들 하나님으로서의 예수 그리스도께서는 영원 전 어느 순간에 탄생하셨다. (O , X)

6. 예수님의 복종은 (   ) 심판까지 계속될 것이다.

■ 복습 문제의 정답은 홈페이지(www.solomonbtc.org)에서 확인할 수 있습니다.

NOTES

NOTES

제4과
죄 없으신 인자 예수 그리스도

『이는 우리의 대제사장은 우리의 연약함을 동정할 수 없는 분이 아니요, 모든 점에서 우리와 마찬가지로 시험을 받으셨지만 죄는 없으신 분이기 때문이라』(히 4:15).

죄 없으신 예수 그리스도

우리는 예수님께서 육신의 아버지 없이 동정녀에게서 탄생하셨다는 사실과 더불어 그분께서 원죄 없이 또 죄성도 없이 탄생하셨다는 것을 알고 있다. 한 걸음 더 나아가서, 이제 예수님께서 그분의 전 생애를 죄 없이 사셨으며 단 한 번도 죄를 짓지 않으셨음을 살펴볼 것이다. 예수 그리스도께서는 죄로 인해 조금도 오염되지 않은 채 살다가 하늘로 올라가신 것이다. 예수님의 사람 되심은 우리와 한 가지였지만, 주님은 죄 없는 삶을 사셨고 완전히 흠 없는 생을 사신 것이다. 그 점에 있어서 주님께서는 유일무이한 분이시다.

그리스도의 죄 없으심의 의미

1. 죄는 하나님의 뜻과 일치되지 못한 것을 말한다.

따라서 무죄하다는 것은 하나님의 뜻에 완전히 일치되는 것을 뜻한다. 히브리서 10:7에서 예수님께서는 『**오 하나님이여, 보소서, (두루마리 책에 나에 관하여 기록한 것과 같이) 주의 뜻을 행하려고 내가 왔나이다.**』라고 말씀하셨다. 요한복음 17:4에서는 『**아버지께서 내게 하라고 주신 그 일을 완성하였나이다.**』라고 말씀하셨다. 예수님께서는 아버지의 뜻과 완전히 일치한 무죄한 삶을 사신 것이다.

2. 죄를 짓는다는 것은 하나님의 뜻을 대적하여 죄의 길로 들어선 것을 의미한다.

마음으로 하는 생각이 악한 행동의 근원이 된다(마 15:18,19). 그러나 예수님께서는 마음과 행위가 모두 깨끗하셨다. 히브리서 7:26은 주님께서 『**거룩하고 악이 없으며, 더러움이 없고 죄인들에게서 성별**』되신다고 말씀한다. 거룩함이란 죄의 더러움으로부터 떠나 분리되는 것이다. 주님은 『**흠도 없고 점도 없는 어린양 같은**』(벧전 1:19) 분이셨으며, 바로 그 『**흠 없는 자신**』을(히 9:14) 십자가에 내어 주셨다.

그리스도께서 죄 없으시다는 사실들

사도행전 4:27-30에는 『**주의 거룩하신 아들 예수**』라는 표현이 두 번 나오는데, 이는 그분께서 출생부터 거룩하시고 순수하고 죄 없으시며, 모든 더러움에서 때 묻지 않았음을 의미한다. 더러운 영들도 주님을 보고 "하나님의 거룩한 분"이라고 인정했다(막 1:24). 누가복음 4:34에서도 더러운 마귀들의 영을 지닌 사람이 소리 질러 『**나는 당신이 누구신 줄 아나이다. 하나님의 거룩한 분이시니이다.**』라고 했다.

그러나 그리스도의 죄 없으심에 대한 가장 강력한 증거는 마귀들에 의한 증거가 아니라, 영감으로 기록된 하나님의 말씀이 주시는 증거이다.

> 『그는 죄를 짓지도 아니하셨고 그 입에는 간사함도 없으셨으며』(벧전 2:22) 『그분이 우리의 죄들을 없애려고 나타나신 것을 너희가 아나니 그분 안에는 죄가 없느니라』(요일 3:5).

우리의 복되신 구세주에게서는 단 하나의 죄도 찾아볼 수 없다. 『**하나님께서 죄를 알지도 못하는 그를 우리를 위하여 죄로 삼으신 것은**』(고후 5:21) 『**이는 우리의 대제사장은 우리의 연약함을 동정할 수 없는 분이 아니요, 모든 점에서 우리와 마찬가지로 시험을 받으셨지만 죄는 없으신 분이기 때문이라**』(히 4:15). 따라서 재림에 대한 소망을 가지고 있는 사람은 『**누구나 그분이 정결하신 것처럼 자신을 정결케**』 해야 한다(요일 3:3).

그리스도의 죄 없으심에 대한 증거들

❶ 예수님 자신이 증거하셨다. 주님께서는 다른 사람 안에 있는 죄는 보셨지만 주님 자신 속에서는 죄를 보지 못하셨다. 『**너희 중에 누가 나를 죄에 대해서 힐책하겠느냐?**』(요 8:46)

❷ 예수님을 심문했던 폰티오 빌라도 역시 『**나는 이 사람에게서 아무런 잘못도 찾지 못하였노라.**』(요 18:38)고 고백했다.

❸ 폰티오 빌라도의 아내는 꿈을 꾸고 나서 다음과 같은 전갈을 남편인 빌라도에게 보냈다. 『**당신과 그 의로운 사람 사이에 아무 일도 없게 하소서**』(마 27:19).

❹ 십자가 위의 강도(사악한 사형수)까지도 예수님에 관해 말하기를 『**이분은 아무 잘못을 행한 것이 없도다.**』(눅 23:41)라고 했다.

❺ 유다 이스카리옷이 예수 그리스도를 배반하고 했던 말은 『**내가 그 무죄한 피를 배반한 죄를 지었다.**』(마 27:4)였다. 예수 그리스도께서는 그분을 배반한 유다 이스카리옷이 보기에도 무죄한 분이셨다.

❻ 예수 그리스도의 죽음을 지켜본 로마의 백부장은 『**참으로 이 사람은 의인이었도다.**』(눅 23:47)라고 했다.

그리스도의 죄 없으심이 낳은 결과

❶ 그리스도께서는 죄가 없으셨기에 한 분의 완전한 중보자가 되실 수 있었다(딤전 2:5).

❷ 그리스도께서는 우리의 완전한 본이 되시어 우리로 그분을 따르게 하셨다(벧전 2:21).

❸ 죄 없으신 구주로 인해 그분을 믿는 사람들에게는 하늘로 가는 길이 활짝 열리게 되었다(요 14:2,3, 히 10:19,20).

예수 그리스도께서는 원죄가 없으셨고 도덕적으로도 절대적으로 완전한 삶을 사셨다. 그리고 죄 없으신 상태로 하늘로 올라가셨다(요 16:10). 죄에 대해 완전하게 승리하신 구주를 통해서 우리도 죄의 속박을 벗고 자유와 승리를 소유하게 되었다. 『항상 우리를 그리스도 안에서 승리하게 하시고 또 어느 곳에서나 우리로 하여금 그분에 관한 지식의 향기를 나타내게 하시는 하나님께 이제 감사하노라』(고후 2:14).

■ 새롭게 깨달았거나 적용할 내용이 있다면 적어 보세요. ■

인자이신 예수 그리스도

예수님께서 구주가 되시기 위해서는 먼저 그분은 하나님이셔야 했으며, 동정녀에게서 탄생하셔야 했고, 그뿐 아니라 참 인간이셔야 했다. 그분께서는 죄 문제를 제외하고는 모든 면에서 우리와 다를 바가 없으셨다. 디모데전서 2:5은 『**하나님은 한 분이시요, 하나님과 사람 사이에 중보자도 한 분이시니, 곧 사람이신 그리스도 예수시라.**』고 말씀한다. 예수님께서는 "하나님과 관련된 일들에 자비롭고 신실한 대제사장이 되시기" 위하여 우리 인간들처럼 되지 않으면 안 되셨다(히 2:17). 예수님께서는 율법 아래 있던 우리를 구속하시기 위해 율법 아래서 태어나신 것이다(갈 4:4,5).

예수 그리스도의 인간 되심

그분의 인간 되심을 강조하는 "인자"(Son of man)라는 이름은 성경에서 77회나 볼 수 있는데(눅 19:10), 스테판도 죽기 직전에 예수님을 뵙고는 그분을 가리켜서 "인자"라고 했다(행 7:56).

1. 예수님께서는 조상의 혈통을 따라 나셨다.

갈라디아서 4:4에는 『**그 때가 차니 하나님께서 자기 아들을 보내시어 여자에게서 나게 하시고**』라고 기록되어 있다. 예수님께서는 "창세기 3:15"의 예언에 따라 남자 없이 여자의 씨로서 태어나셨는데, 혈통에 따라서는 "아브라함과 다윗의 계보"에서 출생하셨다(마 1:1).

2. 예수님께서는 인간의 본성을 소유하셨다.

『그 말씀이 육신이 되어 우리 가운데 거하시므로』(요 1:14). **『자녀들이 피와 살에 참여하는 자인 것같이 그 역시 같은 모양으로 동일한 것에 참여하신 것은』**(히 2:14). 예수 그리스도께서 육신으로 오신 것을 시인하지 않는 것은 적그리스도의 영이다(요일 4:3).

3. 예수님께서는 인간이 성장해 가는 법칙을 따르셨다.

1) 주님께서는 성장하셨다. **『아기가 자라매 영 안에서 강건해지고, 지혜로 충만하며, 또 하나님의 은혜가 그의 위에 있더라』**(눅 2:40).

2) 주님께서는 질문하셨다. **『삼 일 후에 성전에서 그를 찾았는데, 그가 박사들 가운데 앉아 그들에게서 듣기도 하고 묻기도 하시더라』**(눅 2:46).

3) 주님께서는 지혜가 발달했다. **『예수께서는 지혜와 키가 자라고』**(눅 2:52).

4) 주님께서는 순종을 배우셨다. **『그가 아들이면서도 고난받은 일들로 순종을 배워서』**(히 5:8).

5) 주님께서는 고난을 당하셨다. **『그가 이 일에 친히 시험을 받아 고난을 당하셨으므로 시험받는 자들을 능히 도와주실 수 있느니라』**(히 2:18). **『만물을 자신을 위하여 또 자신에 의하여 존재하게 하신 그분께서 많은 아들들을 영광에 들어가게 하시려고 고난들을 통하여 그들의 구원의 대장을 온전하게 하신 것은 당연하도다』**(히 2:10).

6) 주님께서는 삼십 세까지 목수로 일하셨다. **『이 사람은 마리아의 아들이**

며, 야고보와 요세와 유다와 시몬의 형제인 목수가 아니냐?』(막 6:3) 『예수 자신은 약 삼십 세가 되어 사역을 시작하셨고』(눅 3:23).

7) 주님께서는 사람이 받는 시험을 받으셨다(마 4:1-11).

4. 예수님께서는 정상적인 사람의 본능에 따라 행동하셨다.

1) 시장함을 느끼셨다. 『사십 일 낮과 밤을 금식하신 후, 시장하게 되셨을 때에』(마 4:2).

2) 목마름을 느끼셨다. 『한 사마리아 여인이 물을 길으러 왔는데, 예수께서 그녀에게 말씀하시기를 "마실 물을 좀 달라."고 하시더라』(요 4:7). 또한 십자가 위에서 "목마르다"고 하셨다(요 19:28).

3) 피로를 느끼셨다. 『거기에 야곱의 우물이 있더라. 예수께서 여행으로 피곤하시므로 우물 곁에 그대로 앉으셨는데』(요 4:6).

4) 주무셨다. 『바다에 큰 폭풍우가 일어나 그 배가 파도에 덮였으나 주께서는 주무시고 계신지라』(마 8:24).

5) 사랑하셨다. 『예수께서 그를 쳐다보시고 사랑하시며』(막 10:21), 『그때 유대인들이 말하기를 "주님이 그를 얼마나 사랑하셨는지 보라!"』(요 11:36)

6) 연민을 느끼셨다. 『주께서 무리를 보시고 그들을 가엾게 여기시니, 이는 그들이 목자 없는 양과 같이 지치고 흩어졌음이라』(마 9:36). 『오 예루살렘아, 예루살렘아, 선지자들을 죽이며 너에게 보낸 사람들을 돌로 치는 자야, 마치 암탉이 자기 병아리들을 날개 아래 함께 모으듯이 내가 얼마나 자주 네 자녀들을 모으려고 하였더냐?』(마 23:37)

7) 노하시고 슬퍼하셨다. 『그들에게 말씀하시기를 "안식일에 선을 행하는 것이 타당하냐, 아니면 악을 행하는 것이 타당하냐? 생명을 구하는 것이 타당하냐, 아니면 죽이는 것이 타당하냐?"고 하시나... 주께서 노하셔서 그들을 둘러보

시며』(막 3:4,5). 요한복음 2:16에서 그분께서는 성전을 깨끗하게 하시면서 의로운 분노를 나타내 보이셨다.

8) 신음하고 괴로워하셨다. 『**그때 예수께서 그녀가 울고 있는 것과, 그녀와 함께 온 유대인들도 우는 것을 보시고 영으로 신음하시며 괴로워하시다가**』(요 11:33).

9) 우셨다. 『**예수께서 우시더라**』(요 11:35). 겟세마네 동산에서도 우셨으며(마 26:38, 히 5:7), 예루살렘 도성을 보시면서도 우셨다(눅 19:41).

10) 기도하셨다. 『**무리를 보내신 후 주께서는 기도하러 따로 떨어져 있는 산으로 올라가셨는데**』(마 14:23).

5. 예수님께서는 죽으셨다.

사람은 죽으려고 태어났다. 『**한 번 죽는 것은 사람들에게 정해진 것이고**』(히 9:27). 예수님께서도 육신을 입고 오셨기에 이 법칙을 지키셨다. 생애의 가장 중요한 순간을 갈보리의 십자가 위에서 못 박혀 죽으시는 일로 맞이하셨던 것이다(눅 23:33). 『**그러나 우리가 죽음의 고난 때문에 천사들보다 조금 낮아지신 예수를 보니, 영광과 존귀로 관을 쓰셨도다. 이는 하나님의 은혜로 말미암아 모든 사람을 위하여 죽음을 맛보기 위함이더라**』(히 2:9).

완전한 사람이신 예수 그리스도

예수님께서는 부활하신 후에도 여전히 육체(초자연적인 몸)를 지니고 계셨다. 『**나의 손과 나의 발을 보라, 바로 나니라. 나를 만지고 보라. 영은 살과 뼈가 없지만 너희가 보는 바와 같이 나는 있느니라**』(눅 24:39). 또한 요한복음 20:27에서는 『**네 손가락을 이리 내밀**

어 나의 손을 보고 너의 손을 내밀어 내 옆구리에 넣어 보라.』고 했다. 스데판은 그가 순교당할 때 예수님께서 하나님 오른편에서 계신 것을 보았다(행 7:55,56). 주님께서는 지금도 "몸"을 가지고 계신다.

■ 새롭게 깨달았거나 적용할 내용이 있다면 적어 보세요. ■

제4과
복습문제

1. 예수 그리스도께서는 그분의 전 생애에서 단 한 번도 죄를 짓지 않으셨다. (O , X)

2. 『이는 우리의 대제사장은 우리의 연약함을 동정할 수 없는 분이 아니요, 모든 점에서 우리와 마찬가지로 시험을 받으셨지만 (   ) 없으신 분이기 때문이라』(히 4:15),

3. 예수 그리스도께서는 죄 문제를 제외하고는 모든 면에서 우리와 다를 바 없는 사람이셨다. (O , X)

4. 예수님께서는 율법 아래 있던 우리를 구속하시기 위해 율법 아래서 태어나셨다. (O , X)

5. 예수 그리스도께서 육신으로 오신 것을 시인하지 않는 것은 적그리스도의 영이다 답 :

■ 복습 문제의 정답은 홈페이지(www.solomonbtc.org)에서 확인할 수 있습니다.

NOTES

제5과
교회의 머리이신 예수 그리스도

『또 만물을 그의 발 아래 두시고 그를 만물 위에 머리가 되게 하셔서 교회에게 주셨느니라. 교회는 그의 몸이니 만물 안에 모든 것들을 채우시는 분의 충만이니라』(엡 1:22,23).

교회의 머리이신 예수 그리스도

아버지 하나님의 오른편에 앉으신 주 예수 그리스도께서는 "머리"가 되셔서 "지리적으로" 만물을 "발 아래" 두셨다. 뿐만 아니라 "머리"이신 주님께서는 "권세"에 있어서도 만물을 "발 아래" 두셨기에, 만물은 그분께서 원치 않으시면 존속할 수조차 없다(골 1:17). 그런데, 사도행전 2장에서 강림하신 성령님께서는 어떤 사람들의 위치를 그분의 "발 아래"에서 "그분 안"으로 옮겨 주셨다. 즉, 성령으로 침례를 받은 사람들이 만물 위에 계신 "머리"와 "한 몸"이 된 것이다. 성경은 그 "몸"을 "교회"라고 부른다. 따라서, "그리스도의 몸"을 의미하는 단수로서의 "교회"는 철, 콘크리트, 돌, 벽돌, 목재, 천막 등으로 구성된 어떤 물리적 건축물을 의미하지 않는다. 어떤 지역에 모인 특정한 성도들을 지칭하는 말도 아니다. 그리스도의 몸으로서의 교회란, 주 예수 그리스도를 구주로 믿고 거듭나서 그분의 몸 안으로 들어간 모든 사람들로 구성된 우주적이고 영적인 유기체 집단인 것이다.

머리와 몸의 관계

주 예수 그리스도를 구주로 믿고 거듭난 성도들은 "머리"이신 예수 그리스도와 한 "몸"인 "유기체"(organism)를 형성한다. 이는 지역 교회와 같은 "조직체"(organization)와는 다르다. 조직체에서는 일부가 제거되더라도 그 기능에 장애가 생기지 않을 수 있다. 그러나 유기체는 그 일부가 제거되면 반드시 장애가 뒤따른다. 따라서 교회 시대에 구원받은 성도들은 어떤 일이 있더라도 결코 주님께로부터 분리될 수가 없다. 지옥에 갈 수가 없는 것이다. 만일 그런 일이 일어난다면, 그리스도께서는 "불구"가 되시는 셈이기 때문이다.

"그리스도의 몸"은 "머리"이신 주님의 뜻을 실행한다. 제임스 모들리쉬 박사는 자신의 책 〈Mystery of Ages(시대들의 신비)〉에서 이렇게 설명한다.

"그렇다면 왜 하필 교회는 "그리스도의 몸"이라고 불리는가? 이에 대한 해답은 몸이 필요한 이유가 무엇인지를 생각해보면 알 수 있다. 몸이란 인격을 나타내기 위해 필요한 것이다. 사람은 물리적인 몸 없이도 존재할 수는 있다. 죽고 나서 몸의 부활을 기다리는 혼은 물리적인 몸 없이 존재하기 때문이다. 하지만 그 존재는 무언가를 나타내 보일 수가 없다. 따라서 지금은 영광 가운데에 계시는 그리스도께서 세상에 자신을 표현하시기 위해 사용하실 수 있는 유일한 방법은 그분의 몸인 "교회"를 통하는 것이다. 오늘날 세상은 그리스도인들 안에서만 그리스도를 목도할 수 있다. 바울이 빌립보인들에게 다음과 같이 편지했을 때에 의미했던 바가 이것이리라. "**이는 내게 사는 것이 그리스도니**"(빌 1:21). 즉 그리스도께서 바울 안에 또다시 살아 계시기에, 세상이 바울 안에서 나타나시는 그리스도를 볼 수 있으리라는 의미였던 것이다."

■ 새롭게 깨달았거나 적용할 내용이 있다면 적어 보세요. ■

군대로서의 교회의 머리이신 예수 그리스도

『아침처럼 비추고, 달처럼 고우며, 해처럼 맑고 깃발들을 든 군대처럼 위엄이 있는 여자는 누구인가?』(솔 6:10)

성경은 그리스도의 몸된 교회에 대해 다각도로 묘사하신다. 우리는 이와 연관해서 "머리"의 역할 또한 다양하게 살펴볼 수 있다. 우선, 교회는 "군대"이다. 성경은 그리스도의 몸에 속한 모든 지체들에게 그리스도의 훌륭한 군사로서 고난을 견뎌 내라고 권면하신다(딤후 2:3). 그리고 군사인 우리의 머리가 되시는 주님께서는 『**주의 군대 대장**』(수 5:14)이시며, 우리를 이끄시는 사령관이시다. 군대나 어떤 조직의 지도부를 때로 "수뇌부(首腦部)", 즉 "머리와 뇌가 되는 부분"이라고 부르곤 한다는 점을 생각해보면, 머리로서의 주님의 역할을 새삼 느껴볼 수 있다.

군대에서 이 "수뇌부"가 하는 역할은 "목표"를 설정하는 일이다. 목표를 설정한다는 것은 무엇이 "성공"이고 무엇이 "실패"인지를 규정한다는 의미이다. 예컨대 설령 적을 전부 섬멸했다고 해도, 해당 작전의 "목표"가 인질들을 구출하는 것이었다면 작전은 "실패"이다. 반대로, 아군이 전멸했다고 해도 해당 작전의 "목표"가 목표물 폭파였다면 작전은 "성공"이다. 이처럼, "군대"로서의 교회의 머리이신 주님께서는 우리에게 "목표"를 규정해주시는 분이시다. 우리들의 삶에서 무엇이 "성공"이고 무엇이 "실패"인지, 무엇을 위해 살고 죽어야 하는지를(롬 14:8) 규정해 주시는 것이다.

상부에서 "목표"를 주지 않는 부대는 어떻게 될까? 아무 일도 하지 않아도 되므로 편하고 좋을 것 같지만, 실상은 전혀 그렇지 않다. 실전이 없으면 훈련이라도 해서 "목표"를 주어야 병사들의 생기가 유지된다. 훈련이 적은 부대는 훈련이 많은 부대에 비해 병영에서의 부조리도 심하고, 생기도 없으며, 정신적으로도 훨씬 힘든 곳이 된다는 것은 널리 알려진 사실이다. 그런 곳은 인생을 무가치하고 무기력하게 만든다.

우리 또한 마찬가지였다. 우리는 본래 별다른 고상한 목표를 가지고 있지 않았으며, 무언가 목표가 있었다고 해도 땅에 속한 헛된 것들이었을 뿐이다. 우리는 그저 고개를 땅에 처박고 지옥을 향해 터덜터덜 걸어가던 "사형수"들이었다. 그러나 우리들을 구원하시기 위해 죽었다가 다시 살아나신 주님께서는 이러한 "목표"를 주셨다. 『**그러므로 너희가 그리스도와 함께 살아났으면 위에 있는 것들을 구하라. 거기에는 그리스도께서 하나님의 오른편에 앉아 계시느니라. 위에 있는 것들에 너희 마음을 두고 땅에 있는 것들에 마음을 두지 말라**』(골 3:1,2). 우리들의 "머리"께서는 "쓸데없는 일에 목숨 걸며" 살았던 우리들의 인생을, 영원한 가치를 지닌 인생으로 변모시켜주신 것이다.

한 몸으로서의 교회의 머리이신 예수 그리스도

『몸은 하나인데 많은 지체가 있고 한 몸에 지체는 많아도 모두 한 몸인 것처럼 그리스도께서도 그러하시니라』(고전 12:12).

그리스도의 몸된 교회는 각처에서 구원받은 개개인으로 이루어져 있지만, 결코 "자기 권리"를 주장하지 않는다. 그리스도의 몸은 "전체주의"의 구호, 곧 "하나는 전체를 위해, 전체는 하나를 위해"(one for all, all for one)를 구현하는

집단이다. 그리스도의 몸의 지체들은 각자 자신이 아니라 몸 전체의 이익을 구하며, 반대로 몸도 각각의 지체들을 위해 준다. 그리스도의 몸에서는 어떤 지체도 도태되지 않는다. 한 지체가 고통을 받으면 모든 지체가 그와 함께 고통을 받고, 한 지체가 영광을 얻으면 모든 지체가 함께 기뻐한다(고전 12:14-27).

그렇다면 과연 어떻게 성경이 『**형제들아, 너희는 너희의 부르심을 보라. 부르심을 받은 자들은 육신을 따라 지혜로운 자가 많지 않고 권력 있는 자도 많지 않으며 좋은 가문에서 태어난 자도 많지 아니하니라.**』(고전 1:26)고 말씀하시는 집단 안에서 그런 이상적인 모습이 구현될 수 있는 것인가? 역사상 "전체주의"를 시도했던 모든 집단은 실패해 버렸는데 말이다.

그리스도의 몸 안에서 이러한 "이상적인 전체주의"가 가능한 까닭은, 바로 "머리"이신 그리스도께서 계시기 때문이다. 그리스도의 몸 안에 있는 지체들은 기꺼이 "전체"를 위해 자신의 "자유"를 포기한다. 그리스도께서 그들 모두를 위해 죽어 주셨기 때문이요(고전 8:9-11), 주님께서 그들 모두를 사랑하시기 때문이다. 그래서 우리는 기꺼이 자신의 권리를 포기할 수 있다. 각각의 지체들에게 흠결이 있을지라도, 그들 모두를 품고 계시며 그들 안에 계신 분을 보고 기꺼이 그렇게 하는 것이다(몬 1:18 참조). 이는 그리스도의 몸을 하나 되게 하는 강력한 힘이다.

그리스도의 몸을 하나 되게 하는 또 다른 힘은, 서로 간의 필요성이다. 대속 사역을 완성하신 예수 그리스도께서는 위로 올라가실 때에 사람들에게 은사를 주셨다(엡 4:8). 우리를 그리스도의 몸 안으로 넣으신 성령님께서는 그리스도의 몸에 속한 개개인이 모두 지체로서 몸을 섬길 수 있도록 각자에게 역사하신다. 이렇게 주어진 은사들은 상이하며 하나라도 없어서는 안 될 것들이다. 손이 있다고 발이 필요 없는 것이 아니듯이 말이다. 따라서 그리스도의 몸 안에서는 필요 없는 사람이 없고 모두가 존중받아 마땅하다. 주님께서 그에게도 역할이 있다고 하시기 때문이다.

신부로서의 교회의 머리이신 예수 그리스도

「이는 남편이 아내의 머리 됨이 그리스도께서 교회의 머리 됨과 같음이라. 그는 몸의 구주시니라」(엡 5:23).

성경은 그리스도의 몸 된 교회를 예수 그리스도의 아내로 묘사한다. 정확히 하자면 현 교회 시대에는 아직 정혼한 처녀(고후 11:2)일 뿐이지만, 곧 신부로서(솔 4:9-12) 혼인식을 치르고 나면(계 19:7-9) 어엿한 아내가 될 것이다. 그래서 주님께서는 그분과 교회의 관계를 부부 관계에서 남편이 아내 위에 권위를 가진 머리가 되고, 둘이 한 몸을 이루는 것에 빗대어 설명하신다.

우리는 첫 사람 아담이 자신의 살과 뼈의 지체이자 아내였던(창 2:23, cf. 엡 5:30) 자신의 아내인 이브를 사랑해서 기꺼이 죽음을 선택했다는 사실을 떠올려 봄 직하다. 비록 첫 사람 아담은 그 이후에 곧바로 금지된 열매를 먹은 책임을 아내에게 전가해 버렸지만 말이다. 그런 점을 빼고 본다면 첫 사람 아담은 마지막 아담이신 예수 그리스도의 예표가 된다. 예수 그리스도께서도 교회를 얻으시기 위해 기꺼이 죽음을 선택하셨기 때문이다. 예수님께서 그렇게 얻으신 그분의 아내, 교회를 육성하고 아껴 주시고, 말씀에 의한 물로 씻어 거룩하게 해 주시며, 자신처럼 사랑해 주시고, 가혹하게 대하지 않으신다(엡 5:25-33, 골 3:19).

예수 그리스도의 이러한 사랑이 놀라운 까닭은 첫째로 우리가 죄인이요, 사랑받을 만한 가치가 전혀 없을 때 베풀어졌기 때문이다(롬 5:6-8). 둘째로는 주님께서는 그 사랑을 끝까지, 영원히 변치 않고 간직하시기 때문이다(요 13:1, 롬 8:35-37, 히 13:8).

우리는 주님께로부터 이런 사랑을 받았으면서도 수없이 그분을 배신하고 실망시켜 드린다. 세상의 남편들이었다면 진작 그런 아내를 버리고 떠났겠지만, 주님께서는 결코 우리를 떠나지 않으신다. 아버지 하나님께서 그분의 아내 이스라엘에게 보이신 모습처럼 말이다. 『**사람들이 말하기를, "만일 한 남자가 자기 아내를 버려서 그 여자가 그 사람을 떠나 다른 사람의 것이 되면 본 남편이 그녀에게 다시 돌아오겠느냐? 그 땅이 크게 오염되지 않겠느냐?" 하느니라. 그러나 너는 많은 애인들과 창녀짓을 하였어도 내게로 다시 돌아오라. 주가 말하노라**』(렘 3:1). 주님의 이러한 순애보 어린 사랑은 지식만으로는 도저히 헤아려지지 않는다(엡 3:19).

"머리"는 예수 그리스도시다

주님을 잘 따르는 성도들에게도 때로는 이해할 수 없는 일이 발생하곤 한다. 어떤 때는 애타게 기다려도 돕지 않으실 때도 있으며(요 11:3-6, 삼상 13:8), 아닌 것 같은 일을 하게끔 하실 때도 있고(욘 1:1-3), 옳은 것 같은 일을 하지 못하게 하실 때도 있다(요 18:11). 그러나 성경은 이렇게 말씀하신다. 『**주가 말하노라. 내 생각은 너희 생각과 다르며 내 길은 너희 길과 다르니 하늘들이 땅보다 높음같이, 내 길이 너희 길보다 높으며 내 생각이 너희 생각보다 높음이라**』(사 55:8,9). 따라서 설령 자신의 자아가 이해가 가지 않는다면서 떼를 쓰고 소리를 지르더라도, 자신을 죽은 것으로 여기고 명령받은 일만 묵묵히 수행해 나가면 된다. 우리는 "머리"가 아니라 "몸"이기 때문이다. 그렇게 할 때, 주님께서는 영광을 받으시고, 그리스도의 몸은 세워지며, 그 지체들인 우리들도 그 안에서 복을 받는 것이다.

제5과
복습문제

1. 그리스도의 몸된 교회는 조직체가 아닌 (　　　　　　)이다.

2. 그리스도의 몸된 교회에도 구원받지 못한 사람이 있을 수 있다. (O , X)

3. 주 예수 그리스도께서는 (　　　　　　　　　)이시며(수 5:14), (　　　　　)로 비유되는 그리스도의 몸된 교회를 이끄신다.

4. 『몸은 하나인데 많은 (　　　　　)가 있고 한 몸에 (　　　　　)는 많아도 모두 한 몸인 것처럼 그리스도께서도 그러하시니라』(고전 12:12).

5. 그리스도의 몸의 지체들이 다른 지체들을 위해 기꺼이 자신의 자유를 포기하는 것은 그리스도께서 다른 지체들을 위해서도 (　　　　　　　) 때문이다(고전 8:9-11).

6. 『이는 (　　　　　)이 (　　　　　)의 머리 됨이 그리스도께서 교회의 머리 됨과 같음이라. 그는 몸의 구주시니라』(엡 5:23).

■ 복습 문제의 정답은 홈페이지(www.solomonbtc.org)에서 확인할 수 있습니다.

NOTES

제6과
예수 그리스도의 명령들

『어찌하여 너희는 나를 '주여, 주여.' 라고 부르면서도 내가 말하는 것들을 행하지 아니하느냐?』(눅 6:46)

예수 그리스도의 명령들을 행하라

예수 그리스도께서는 이 세상에서 사셨던 가장 위대한 스승이시므로, 그분의 계명들을 지키는 것은 너무도 당연하다. 다시 말해 『**어찌하여 너희는 나를 '주여, 주여.'라고 부르면서도 내가 말하는 것들을 행하지 아니하느냐?**』(눅 6:46)라는 책망을 주님께 들어서는 안 되는 것이다.

어떤 사람이 그리스도를 믿고 자신의 구주로서 그분을 신뢰한다고 하면서 그분께서 명령하신 바에 관심을 기울이지 않는다면 실로 이상한 일이 아닐 수 없다. 주님을 믿는다고 고백하면서도 그분께서 명령하신 말씀을 무시하는 것보다 더 모순된 일은 없다.

회개하라

마태복음 4:17에서 주님께서는 『**회개하라, 천국이 가까이 왔느니라.**』라고 말씀하셨다. 회개에는 두 단계가 있다. 첫째, 죄로부터 돌아서는 것이고, 둘째, 하나님께로 돌아가는 것이다. 마치 돼지우리에서 살게 된 탕자가 그곳에서 일어나, 아버지께로 돌아간 것과 같다(눅 15:20,21). 이것은 좁은 문으로 들어가려고 힘쓰는 것이며(눅 13:24), 죄에서 돌이켜 하나님의 나라와 그분의 의를 구하는 삶을 사는 것이다(마 6:33).

복음을 믿으라

우리는 복음을 믿어야 한다. 마가복음 1:15에서 주님은 『**너희는 회개하고 복음을 믿으라.**』라고 말씀하셨다. 복음은 구원을 위한 기쁜 소식이다. 기본적으로 예수 그리스도와 그분을 보내신 아버지를 믿는 것이며(요 6:29; 17:3), 이 점은 『**하나님을 믿으니 또한 나를 믿으라.**』(요 14:1)라는 분명한 명령에 담겨 있다. 우리를 위한 복음은 아버지께서 보내신 예수 그리스도께서 갈보리 십자가에서 우리의 죗값을 대신 치러 주셨다는 사실이다.

거듭나라

거듭남은 새로운 출생에 관한 명령이다. 『**내가 너에게 '너희는 거듭나야만 한다.'고 말한 것을 이상히 여기지 말라**』(요 3:7). 이 새로운 출생은 죄인의 죽은 영을 살리는 성령의 신비로운 역사이다(요 3:5,6).

성령을 받으라

예수님께서는 제자들에게 『**성령을 받으라.**』(요 20:22)고 말씀하셨다. 누가복음 24:49에서는 『**보라, 내가 나의 아버지께서 약속하신 것을 너희 위에 보내노라. 그러나 높은 곳으로부터 능력을 입을 때까지 예루살렘 도성에서 기다리라.**』라고 말씀하셨다. 이 두 가지 말씀을 하실 당시에는 성령께서 아직 공식적으로 하늘로부터 땅으로 내려오시지 않았다. 그러나 지금은 죄인들이 예수 그리스도를 개인의 구주로 영접할 때 성령을 받을 수 있다.

그리스도를 따르라

요한복음 12:26에서 주님은 『**누구나 나를 섬기고자 하면 나를 따라오라.**』라고 말씀하셨다. 누가복음 9:23에서는 『**누구라도 나를 따라 오려거든 자기를 부인하고 날마다 자기 십자가를 지고 나를 따르라.**』고 하셨다. 요한복음 21:22에서도 『**너는 나를 따라오라.**』라고 하셨고, 누가복음 5:27에서도 마태에게 『**나를 따라오라.**』라고 하셨다. 성도가 예수 그리스도를 따르는 것은 명령이지 선택 사항이 아니다.

기도하라

성도의 생활은 기도하는 생활이어야 한다. 『**깨어서 항상 기도하라**』(눅 21:36, 재림). 『**시험에 들지 않도록 기도하라**』(눅 22:40, 시험). 『**추수의 주께 기도하여 추수할 일꾼들을 보내 주시라고 하라**』(눅 10:2, 사역). 『**너희를 천대하는 자들을 위하여 기도하라**』(눅 6:28, 관계). 주님께서는 우리에게 기도하라고 명령하신다.

하나님을 믿으라

하나님의 성도가 위대한 것은 그가 위대하신 하나님을 믿고 위대하신 분과 교제하기 때문이다. 예수님께서는 마가복음 11:22에서 『**하나님을 믿으라.**』고 말씀하셨다. 이것은 절대적으로 중요하다. 『**믿음 없는 자가 되지 말고 믿는 자**

가 되라』(요 20:27). 불신을 제거하라. 예수님께서 말씀하신다. 『**기운을 내라. 나니 두려워 말라**』(마 14:27).

성경을 상고하라

성경을 상고하는 것은 모든 성도들의 일상생활에서 필요 불가결한 것이다. 『**성경을 상고하라.**』(요 5:39)는 말씀은 모든 성도들에게 주신 명백한 계명이다. 『**너희에게 일렀던 나의 말을 기억하라**』(요 15:20). 따라서 우리는 성경을 샅샅이 공부해야 하고, 암기해야 한다. 이 명령에 순종해야 한다.

너희의 빛을 비추라

성도 각인은 일상생활에서 자신의 빛을 밝게 비추어야 한다(빌 2:15,16). 마태복음 5:16에서 주님은 『**그러므로 너희의 빛이 사람들 앞에 비치게 하여 그들로 너희의 선행을 보게 하고, 또 하늘에 계신 너희 아버지께 영광을 돌리게 하라.**』라고 말씀하셨다. 사람들 앞에 빛을 비추는 방법은 그들에게 복음과 진리를 말하는 것이다. 『**집에 가서 네 친구들에게 주께서 너를 위하여 얼마나 큰 일들을 행하셨으며, 너를 얼마나 가엾게 여기셨는가를 말하라**』(막 5:19).

하나님께 최고의 사랑을 드리라

성도는 하나님을 온전히 사랑하고 섬겨야 한다. 마가복음 12:30에서 주님은

『**그러므로 너는 네 마음을 다하고, 혼을 다하고, 생각을 다하고, 힘을 다하여 주 너의 하나님을 사랑하라.**』라고 말씀하셨다(cf. 신 6:5). 마태복음 4:10에서는 『**너는 주 너의 하나님께 경배하고 오직 그분만을 섬기라.**』라고 말씀하셨다(신 6:13; 10:20).

거룩하신 하나님께 최상의 사랑을 드리라는 것은 명령이지 어떤 제안 사항이 아니다.

권세자들에게 복종하라

마가복음 12:17에서 주님은 『**카이사의 것은 카이사에게, 하나님의 것은 하나님께 바치라.**』라고 말씀하셨다. 따라서 우리는 권세자들에게 복종해야 한다. 권위를 행사하는 자들과 위에 있는 권세자들에게 복종하고 그들을 위해 기도해야 한다(롬 13:1, 딤전 2:1,2).

이웃에 대한 의무를 다하라

우리는 우리의 이웃에게 행할 의무를 갖고 있다. 주님께서는 마태복음 19:19에서 『**네 아버지와 어머니를 공경하고, 네 이웃을 네 자신과 같이 사랑하라.**』라고 말씀하셨고, 누가복음 6:31에서 『**사람들이 너희에게 해주기를 바라는 대로 너희도 그들에게 그와 같이 해주라.**』라고 말씀하셨다.

우리는 기회가 닿는 대로 모든 사람에게 선을 행하되 특히 믿음의 가족들에게 해야 한다(갈 6:10). 우리의 진정한 이웃은 구원받고 하나님을 함께 섬기는 믿음의 가족들이다.

탐심을 조심하라

우리의 삶은 주님께서 계시는 셋째 하늘에 중심을 두어야 한다. 땅에 중심을 두고 살아서는 안 된다. 주님께서는 『**주의하고, 탐심을 조심하라.**』(눅 12:15)라고 명령하셨다. 이 명령은 단순한 충고가 아니라 "경고"이다. 마태복음 6:19,20에서는 『**너희 자신을 위하여 땅에다 보물을 쌓아 두지 말라... 오히려 너희 자신을 위하여 하늘에다 보물을 쌓아 두라.**』라고 말씀하신다. 『**너희 보물이 있는 곳에 너희 마음도 있기**』 때문이다(마 6:21, cf. 잠 23:26)

위선자가 되지 말라

예수님께서는 위선에 대해서도 이렇게 명령하셨다. 『**너희는 바리새인들의 누룩, 곧 위선을 조심하라**』(눅 12:1). 주님께서는 마태복음 23:3에서도 말씀하셨다. 『**그들이 너희에게 지키라고 한 모든 것을 지키고 행하라. 그러나 그들의 행위는 본받지 말라. 이는 그들이 말만 하고 행하지 않음이라.**』

온유하고 겸손하라

온유함과 겸손함 그리고 스스로를 낮춤에 있어서도 예수님처럼 되어야 한다. 마태복음 11:29에서 주님은 『**나는 마음이 온유하고 겸손하니, 내 멍에를 메고 나에게서 배우라.**』라고 말씀하셨다. 마가복음 10:44에서는 『**너희 가운데 누구든지 으뜸이 되고자 하는 자는 모든 사람의 종이 될지니라.**』라고 하셨다.

형제들을 사랑하라

우리는 형제들을 사랑해야 한다. 『**나의 계명은 이것이니, 내가 너희를 사랑하는 것같이, 너희도 서로 사랑하라는 것이라**』(요 15:12). 『**너희는 이런 어린 아이들 중에 하나라도 업신여기지 않도록 주의하라**』(마 18:10). 『**먼저 네 형제와 화해하고 그후에 와서 예물을 드리라**』(마 5:24). 『**그가 하루에 일곱 번이나 너에게 죄를 짓고, 또 하루에 일곱 번이나 너에게 돌아와서 '내가 회개한다.'고 말하면 그를 용서하라**』(눅 17:4, cf. 고후 2:10,11).

온전하라

예수 그리스도께서는 우리에게 아주 높은 기준을 설정하셨다. 『**그러므로 하늘에 계신 너희 아버지께서 온전하심같이 너희도 온전하라**』(마 5:48). 『**그러므로 너희 아버지께서 자비로우신 것같이 너희도 자비로우라**』(눅 6:36). 이 기준은 낮추어져서는 안 되고 그대로 유지되어야 한다(엡 4:13, 빌 3:15).

복음을 전파하라

모든 성도들은 자기가 현재 있는 바로 그곳에서 복음을 전해야 한다. 예수님은 『**온 세상에 가서 모든 피조물에게 복음을 전파하라.**』(막 16:15)라고 말씀하셨다. 『**예루살렘에서 시작하여 모든 민족 가운데 그의 이름으로 회개와 죄사함이 선포되어야 하리라**』(눅 24:47).

그리스도의 재림을 대비하라

우리는 매 순간 이 우주적인 사건에 대비하고 있어야 한다. 누가복음 12:40에서 주님은 『**그러므로 너희도 준비하고 있으라. 너희가 생각지 않은 시간에 인자가 오리라.**』라고 말씀하셨다. 우리는 어떤 때에라도 재림을 준비하고 있어야 한다(요일 3:1-3).

말씀을 지키는 동기

요한복음 14:23에서 예수 그리스도께서는 『**나를 사랑하는 사람은 내 말들을 지키리니**』라고 말씀하셨다. 이것이야말로 하나님께 순종하는 참된 동기이다. 그 동기는 "하나님을 향한 사랑"이다(신 5:10; 7:9). 우리는 이 사랑을 가지고 예수 그리스도의 명령에 복종해야 한다.

■ 새롭게 깨달았거나 적용할 내용이 있다면 적어 보세요 ■

제6과 복습문제

1. 거듭남은 새로운 출생에 관한 명령이다. (O , X)

2. 성령을 받는 것은 죄인이 예수 그리스도를 자신의 개인적인 (　　　　)로 영접할 때 일어난다.

3. 우리는 성경을 샅샅이 (　　　　)해야 하고, 암기해야 한다.

4. 하나님께 최상의 사랑을 드리라는 것은 단순한 제안 사항이다. (O , X)

5. 우리의 진정한 이웃은 (　　　　)의 가족들이다.

6. 모든 성도들은 자기가 현재 있는 바로 그곳에서 (　　　　)을 전해야 한다.

7. 우리가 매 순간 대비하고 있어야 할 사건은 예수 그리스도의 (　　　　)이다.

■ 복습 문제의 정답은 홈페이지(www.solomonbtc.org)에서 확인할 수 있습니다.

NOTES

NOTES

복습 문제 정답

제1과

1. 예언
2. O
3. 동정녀
4. 4
5. 기적

제2과

1. 부활, 부활
2. 구원
3. I am
4. 아버지, 성령
5. 부활

제3과

1. 동등
2. 하나
3. 동등
4. X
5. X
6. 백보좌

제4과

1. O
2. 죄는
3. O
4. O
5. O

제5과

1. 유기체
2. X
3. 주의 군대 대장
4. 지체, 지체
5. 죽으셨기
6. 남편, 아내

제6과

1. O
2. 구주
3. 공부
4. X
5. 믿음
6. 복음
7. 재림

<추 천 도 서>

조직신학

피터 럭크만 지음 / 1,040쪽 / 40,000원

철저히 〈킹제임스성경〉에 기반을 두고 올바른 성경적 해석 방법에 따라 진리의 말씀을 올바로 나누고 성경을 성경으로 해석하여 바른 신학을 집대성한 책이다.

요한일서 5:7 삼위일체의 강력한 증거

이송오 목사 지음 / 32쪽 / 1,000원

이 책은 요한일서 5:7에 관한 성경적 증거와 필사본 증거를 통해 삼위일체에 대한 성경적 진리를 제시한다.

예수 그리스도의 재림

클라렌스 라킨 지음 / 112쪽

2,700원(e-Book 1,900원)

예수 그리스도께서는 어떻게 재림하시는가? 이 책은 예수 그리스도의 재림에 관해 자세하게 보여 주며, 재림에 관한 온갖 거짓 교리들을 성경적으로 비평한다.

창세기에 나타난 그리스도의 초상화들

M. R. 디안 지음 / 264쪽 / 7,000원

독자들은 이 책을 통해 평범한 말씀 속에 숨겨진 예수 그리스도의 모습을 보면서 그분을 더욱 사랑할 수 있을 것이다.

■ 서울솔로몬학교 성경연수원 ■

『네가 진리의 말씀을 올바로 나누어 자신이 하나님 앞에 부끄럽지 않은 일꾼으로 인정받도록 공부하라』(디모데후서 2:15). 오늘날 하나님께서 원하시는 일꾼이 제대로 길러지지 않는 이유는 성경을 공부하지 않기 때문입니다. 본 연수원은 이 나라 교회들이 복음도 제대로 전하지 않고 성경도 체계적으로 가르치지 않는 것을 보고서 하나님의 유능한 인재를 양성하기 위해 아래의 교육 과정을 개설했습니다.

▶ **〈킹제임스성경신학교〉 교수진의 정선된 강의와 수준 높은 성경공부 교재로 성경을 쉽고 정확하게 배울 수 있습니다.**

▶ **본 과정을 이수하면 수료증이 수여되고 〈킹제임스성경신학교〉 2학년으로 편입할 수 있습니다.**

1. 모집 대상 : 성경을 공부하기 원하는 남녀노소
2. 교육 기간 : 1박 2일(합숙 가능, 금요일 오후 7시 입소, 토요일 오후 4시 퇴소)
   1일 특강(토요일 오전 10시 입소, 오후 4시 퇴소)
3. 참 가 비 : 8만 원(교재 및 숙식비 포함)
4. 교육 과정

1) 단기 성경연수 과정(1박 2일, 1일 특강)

요한계시록	로마서	마태복음	요한복음	다니엘
사도행전	히브리서	야고보서	베드로전후서	에스겔
갈라디아서	에베소서	빌립보서	골로새서	이사야
고린도전후서	목회서신	창세기	출애굽기	소선지서
데살로니가전후서	여호수아	재판관기	사무엘상하	열왕기상하
성경의 비유들	세대주의	이단연구	적그리스도	이스라엘

2) 주일학교 성경교사 자격증반(1박 2일, 매월 1회 총 12주 과정)
3) 한글킹제임스성경 통독교실(1박 2일)
4) 크리스찬 청소년 리더십 캠프(2박 3일)
5) 크리스찬 청소년 음악 캠프(2박 3일)

※ 각 과정 별로 구령하는 방법을 1시간씩 교육합니다.

www.solomonbtc.org

강화도에 위치한 본 연수원은 동쪽으로는 바다, 서쪽으로는 길상산, 북쪽으로는 호수와 넓은 들이 펼쳐져 있는 최상의 휴식처로서, 등산, 낚시, 트레킹을 할 수 있고, **일천 그루의 잣나무 숲에서 성경을 공부하고 기도하며 쉴 수 있는 최적의 환경**입니다. 남녀 생활관에서 합숙이 가능하며, 가족 동반 시 게스트하우스(콘도형 빌라)를 이용할 수 있습니다. 초지대교에서 좌회전 후 4분 거리에 있으며, 지하철 5호선 방화역에서 셔틀 차량이 운행됩니다. **인천광역시 강화군 길상면 장흥로 29-6 / (02) 2665-3743**

솔로몬 성경공부 시리즈

교회의 머리이신 예수 그리스도의 명령들

초판1쇄 2023년 10월 27일
초판2쇄 2023년 11월 15일
지 은 이 / 편 집 부
발 행 인 / 박 승 용
발 행 처 / 말씀보존학회
출판등록 / 제409-2022-000036호
주 소 / 서울 강서우체국 사서함 제90호
전 화 / (02) 2665 - 3743
팩 스 / (02) 2665 - 3302
인 터 넷 / www.biblemaster.co.kr
판권소유 / 말씀보존학회

잘못된 책은 바꿔 드립니다.

값 10,000 원